Αίλουρος

Екатерина Симонова

ЕЛЕНА. ЯБЛОКО И РУКА

Ailuros Publishing
New York
2015

Редактор Елена Сунцова.
Художник обложки Ирина Глебова.
Фотография Елены Баянгуловой.
Подписано в печать 26 февраля 2015 года.

Elena. Apple and Hand
Poems by Ekaterina Simonova
Ailuros Publishing, New York, USA
www.elenasuntsova.com

Copyright © 2015 by Ekaterina Simonova, text.
Copyright © 2015 by Irina Glebova, cover design.
Copyright © 2015 by Elena Bayangulova, photo.
Copyright © 2015 by Olga Sedakova, foreword.
Copyright © 2015 by Alexandra Tsibulya, afterword.
All rights reserved.

ISBN 978-1-938781-31-5

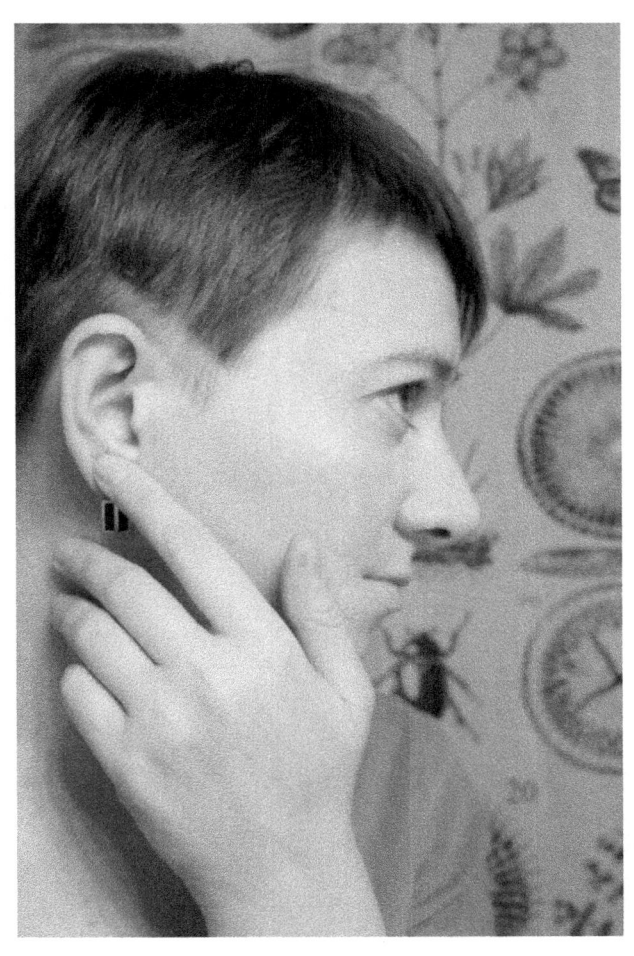

это нежность забытых вещей
заставляет их обнажать себя.

ты понимаешь: твоё отраженье с тобой слилось.
и это неточно: зеркало или рука.
и это неважно:

играть вместе,
врозь.

Ольга Седакова

Новая книга

Екатерина Симонова умеет писать, как никто:

> *все, что нужно — фонарик в горле зимы,*
> *выталкивающий свет, как выталкивают птенца*
> *из гнезда: лети*
> *и умирай без конца.*

Чтобы так увидеть зимний свет, нужно о многом помнить. В этом рисунке — долгая память сердца и быстрота ума. Удивительна ритмическая, звуковая, синтаксическая сила, которой одарена Екатерина Симонова: *выталкивающий, выталкивает* — длинные, длинные русские слова, произносительное усилие, которое в самом деле «выталкивает» короткие строки и почти беззвучный глагол «лети» в повелительном наклонении. В этой новой книге она стала тихой силой.

Летящий и без конца умирающий свет — для меня лейтмотив новой книги Екатерины Симоновой или, точнее, освещение всего, что там происходит. Его сопровождает тьма, двойная тьма — темнота, глядящая в другую тьму, которую видит только слепота, и смутные пересветы зеркал.

Эта книга с самого начала объявляет, что она будет об утрате, о бедности, о безвременье:

> *Все стихи безвременья таковы —*
> *Никому не нужны, никто в них не живет*

о всё уносящем времени:

> *потому что время уносит нас,*
> *как друг друга теряющие речь и голос.*

Это финал книги, он отвечает ее началу:

> *Продолжай говорить со мною — твой голос тих,*
> *Но пока есть этот голос — живы и мы.*

Кольцо замкнулось.

Екатерина Симонова — редкий в России автор, которого не коснулось внешнее влияние поэтики И.Бродского. Но саму эту тему — времени как длящегося лишения, непрерывной утраты — длительности, которая кончается ничем — мы узнаем как общую тему Бродского (во всяком случае, позднего Бродского). Конечно, Бродский продолжает долгую речь поэзии, оплакивающую бег времени, вернее, нашу непоправимую обреченность на эту стихию — на ветер времени (как у Е. Симоновой) или на реку времен, как у Державина:

*А если что и остается
Чрез звуки лиры и трубы....*

Тему его любимого Одена. Тему Вергилия, которого Екатерина Симонова вспоминает в завершающих стихах:

*«Время уносит все» — говорил Вергилий.
Время уносит все, начиная с Вергилия...*

Признаюсь, мне давно хочется услышать о времени что-то другое. Может быть, что-то другое нам расскажет следующая книга Екатерины Симоновой? Между ее предыдущей книгой «Время» и этой — огромный скачок. Там был праздник имен, воображения, большой композиции. Здесь как будто смиренное письмо с натуры, зарисовка за зарисовкой. Имена — кроме единственного имени *Елена* — стремятся исчезнуть, становятся местоимениями:

*Существительные
Прилагательные
Местоимения цветов: герани, фиалки, желтые огоньки.*

Мне очень нравится, что Симонова может так меняться.

А пока погрузимся в эту печаль. Там хорошо, там можно задержаться почти на каждой строке, на любом образе. Можно цитировать без конца, наугад:

*кто-то глядит сквозь скелеты деревьев внутрь
детства, меня, осенней приусадебной пустоты,
лишь в тишине вдалеке, тусклым боком блеснув,
звякнет ведро, сухо хрустнут персты —*

любуясь точностью слова, чистотой звучания, естественными, как живая речь, переменами ритма.

В стихах безвременья, говорит Екатерина Симонова, никто не живет. В них живет русский язык, пережидая молчание времени. Его на короткий момент нарушает *голос чужой и чистый*, собственный голос, услышанный (хочется сказать: увиденный) со стороны:

> *Коричневая веранда, лампочка, мотылек, мой голос,*
> *чужой и чистый:*
> *Дедушка, дедушка, дай мне запомнить.*

Чужой и чистый голос, который не хочет отпустить уходящее в ничто, и есть, по-моему, голос поэзии.

Елене

***

Поговори со мной — что еще нам с тобою осталось?
Раньше мир казался огромным,
А теперь, посмотри, тропинкою дом огибает,
Окружает его и в дом вновь заходит.

Так вот сидишь у окна и смотришь в окно:
Вот девочка завязывает на коньках шнурки,
Вот дыхания ее теплый комок,
Вот твоя рука на моей руке —
Отчего, ответь, я все равно одинок?

Прилетят свиристели, облепят рябины, опять улетят,
Останутся на снегу червоточины, красные пятна, помет.
Все стихи безвременья таковы —
Никому не нужны, никто в них не живет,

Кто-то состарился еще до них,
Кто-то придет в этот дом уже после них.
Продолжай говорить со мною — твой голос тих,
Но пока есть этот голос — живы и мы.

Зеркало

1.

Бедное тело мое, нелюбимое и больное,
Бродит по дому, меня оставив.
Жимолость дед за окном вырубает,
Молча покачивает головою, сжигает.

Осеннее небо холодеет и гаснет.
Горек дым украденного наследства:
Коричневая веранда, лампочка, мотылек, мой голос,
чужой и чистый:
Дедушка, дедушка, дай мне запомнить.

2.

Зачем ты сделал меня такою живою,
Вынашивающей терпение, нежность, усталость
Так, как другая вынашивала бы под сердцем ребенка,
Прислушиваясь, к животу прикладывая покрасневшую от воды руку?

Зачем этот воздух, невесел, бледен,
Ласточку мне в проеме дверном рисует?
Кто меня покидает или по мне тоскует,
Кто говорит, что я его больше не слышу?

3.

Вот этот дом, говорящий: я — дом,
Вот этот долгий дождь, этот сад,
Повторяющий: дождь, поверь мне, дождь,
В смерти никто никогда не виноват.

Вот этот запах черных скрещенных ветвей,
Набухающей и густой земли,
Вот этот вечер прозрачный и стол пустой,
И темное зеркало, повторяющее: обернись.

***

самое странное в любом сне
то что не видишь что видишь но отражаешься сам в себе
ты оборачиваешься ко мне
прикладывая палец к верхней губе

напоминая опять про то
что ты только дышишь на замерзающее стекло
и с той стороны нет воздуха и воды нет никого
только с этой твое лицо

звук высыпается как песок
раскалывая рот как роландов рог
пролитый запах волос увядает будто густой венок.
и просыпающийся одинок

***

Eismann'у

когда холодно и произносишь слово «время»,
оно застывает на мгновение облачком у рта,
почти осязаемое, вещь-мгновение,
часть — дыхание, часть — вода.

почему то, чего нет на свете, больше всего
хочется видеть, слышать, держать:
«вечность» — венецианское остывающее стекло,
«любовь» — шерстяное тепло кота?

почему повторяешь себе эти вот все «почему»,
в общем-то, не желая знать ни один ответ?
что-то в моем нутри, похожее на судьбу,
осыпается, точно желтый сухой букет,

оставляя голые ветки на выбеленном, жестком на сгибах свету,
ни избежать, ни отвернуться от.
в каждом придуманном мной саду
кто-то еще живет.

кто-то глядит сквозь скелеты деревьев внутрь
детства, меня, осенней приусадебной пустоты,
лишь в тишине вдалеке, тусклым боком блеснув,
звякнет ведро, сухо хрустнут персты

малинных кустов, мышиный и птичий порх —
не прощание, но взгляд назад,
очищенный, — боже мой, от чего? — от слов,
последняя из отрад.

***

голос становится телом, когда
его покидает любовь, вина,
встающая поперек горла, как кость,
пока ты близко, пока ты далеко,
пока белые занавеси насквозь
пропарывает свет так легко,

что забываешь дыханье внутри,
и, пока вместо тебя говорит
снег, забивающий сад по края,
точно бочку яблоками, с вещей
стирая названия и из сада — меня,
время находит тебя везде:
облетающая, обнажающаяся западня

тоски, ветви, торчащие вверх,
острые, точно чужая речь,
белою краской с деревянных дверей
осыпающийся старый лед,
и тебе остается только смотреть
сквозь веранды жалобное стекло,

как наступает полночь, как я
становлюсь отраженьем тебя
с той вероятной стороны окна
в древесной и гипсовой темноте —
склоненные головы, белеющая рука —
и прощаюсь, точнее, зову к себе.

***

это нежность забытых вещей
заставляет их обнажать себя.

ты понимаешь: твое отраженье с тобой слилось.
и это неточно: зеркало или рука.
и это неважно:

ждать вместе,

врозь.

***

совершенная радость узнавания
совпадения

рыбье мясо снега
хрупкие кости деревьев
ожидающая звезда
все что между нами запретно как все что запретно
поэтому и единственно

рыжие стены в известковых потеках
обезножевшая статуя
тени окон мерцающий поезд братьев люмьер
существительные
прилагательные
местоимения цветов: герани, фиалки, желтые огоньки

забывание как речь во сне

разоренное гнездо твоего имени

Виночерпий

1.

виночерпий должен быть слеп,
пальцем разве касаясь влаги, края ковша.
а в остальном: не все равно ли, что там под нами — земная твердь
или обман?

знаешь, любое страдание — страсть,
страх его потерять.
говорят, отражающие сами себя зеркала
перестают себя узнавать.

что-то внутри них начинает жить
чужою жизнью, разглядывая нас,
дыханье творя, мертвое, точно паучья нить
или душа.

и ты забываешь, кто ты,
кто говорит твоим ртом, живет тобой.
на снегу видны не твои следы,
но того, кто идет за мной.

2.

поле, разглаженное, как простыня, —
остывший близнец немоты.
я не знаю уже, кто — я.
ответь мне хотя бы ты.

я боюсь заглянуть в себя,
боюсь говорить с тобой,
слышишь, там, на горе, трубят
страждущие — толпой.

это случится, они придут,
слышишь, как снег скрипит?
я повторю, я все повторю,
перечень всех обид,

горло пропарывающих насквозь,
что и любовь видна.

каждое слово мне — рыбья кость,
то есть вина.

3.

мне знакома твоя дрожь
тела, испуганного собою, раненого любовью, водою глаз.
мне ли не знать, что за вино ты мне подаешь
или не знать?

если б ты знал, какой и меня иногда обнимает страх,
растягивая мне пересохший рот,
как в кривом зеркале, пружину в часах —
так восстает из полуночных вод

ужас кромешный, безобразная слепота,
и остается одно:
держать ее за руку, потому что только ее глаза
видят сквозь этот мрак, как сквозь стекло.

***

лучше всего дни о которых и вспомнить
нечего: гладкий лоб
опустошенный
стол

сад отяжелевший от вод
времени

задыхается

запах книжной тщеты
неприкаянности вещей

невидимость зимы как прозренье
слепота расстояний

я через твое плечо смотрю во тьму
как отражение темноты

***

закрой, закрой глаза. не смотри.
стеклянные кости деревьев стучат.
все, что нужно каждому — немного любви,
задуваемой, как свеча.

все, что нужно — фонарик в горле зимы,
выталкивающий свет, как выталкивают птенца
из гнезда: лети
и умирай без конца.

райские двери откроются не тому,
кто хотел войти, но тому, кто не стал просить,
кто, закрыв глаза, простил тишину
за то, что нельзя говорить.

***

Безвременье меня окружает, как темные воды — остров. Человецы
Месят грязь в резиновых сапогах, сухую листву собирают
В похоронные мешки из черного полиэтилена,
Оставляют их вдоль дороги, а сами уходят.

Разжигают костры на окраинах, за гаражами,
Распивают по кругу, вдыхают дымы, греют нечистые руки,
Осень закончилась, говорят, а зима все никак не приходит,
Только лес за городом становится голоднее и тоще.

И ты их слушаешь и киваешь, со всем соглашаясь,
Сидя на корточках, не желая домой возвращаться,
Где тебя ждет единственная твоя — неродная, пустая, чужая,
И за это любишь ее жалостью, как другие любят любовью.

И за это не спишь, пока она спит, уткнувшись
В твою грудь, прорастает в тебя всеми своими корнями,
И понимаешь, вдыхая ее, как покинутый дым костровища,
Что это уже навсегда, и становится наконец — спокойно? больно?

***

знаешь, почему Орфей
не дал Эвридике подняться наверх?
потому что петь потерю любви
было легче, чем быть с ней,

настоящей, живой — кости и кровь —
не облачко в эоловом рукаве,
ноги ее оставляли б следы на земле,
а не едва щекотали травы бровь.

реальность грубее кожи земли,
изрытой и выщербленной до стыдливых слез.
когда я стану легка и тиха,
ты, может быть, что-то поймешь.

Ожидание Благовещения

1.

пустая комната розовые квадраты пола
дрожащий воздух отлетевший
комок шелеста только беззвучный отзвук
вдали где дремотное серое дерево вырастающее из порога
ласточки и прачки прачки и ласточки
синие юбки заткнутые за пояс
завершающие фон картины
добавляющие в нее совсем немного земного
в этой полуденной пустоте такою прохладой веет
страшно покинуть эту комнату воспоминаний
свет спускается с гор золотясь и бледнея
тихий цветок увядает в твоей щепоти

2.

покоясь на ложе неведения,
восставая на ложе сомнений,
повторяешь ты со смиреньем:
любой лепесток оборванный — вот моя жизнь, Господи,
любой цветок угасающий — вот твоя трапеза.
вот ты приходишь — и нет мне век,
чтобы скрыть от тебя слезы мои.
вот ты уходишь, потому что я — человек
без любви.
вот восстает за моей спиной твоих
ангелов огнь, пернатых крыл
крик, возмущенье, и я понимаю — был,
был ты в моей крови —
смерти зараза, бессмертья обман,
голод неутолимый,
сад огороженный,
плодоносящий, лживый.

3.

белый день в белом городе,
дымный морской берег на горизонте,
чем становится жарче —

тем прохладней в твоих покоях.
о, моя безымянная, возлюбленная, немая,
о, оставайся такою.

заговорившая становится чересчур настоящей.

4.

ощущение незавершенности —
ощущение невинности
нагретая солнцем скамья в опустошенном саду

***

я не слышу тебя, Леночка.
просто подойди и скажи.
время стучит мне по лбу, как по стеклу веточка.
скорее всего, у меня уже нет души.

живые должны оставаться живыми,
мертвые должны смотреть свысока,
становясь другими неуловимо,
как за поворотом река.

***

если бы знала, как плачу — не как живу,
белый ветер, совиный пух
снега на рукаве — сдунь,
только не произноси вслух.

деревья склоняются над,
обворовывая свет, располагая тень
по порядку: ствол, птица, пустое гнездо, сад,
гудящая вдалеке медь

колоколов, поезда параллельный стук,
голос, повторяющий внутри меня
параллельно этому свету:
увидеть свет, как себя самого, нельзя,

нельзя говорить с тобою,
нельзя с тобою молчать,
можно лишь повторять: нельзя, нельзя,
заменяя самому себе мать,
уберегающую от огня.

Долгая ясная осень

1.

тревога нас поедает
вот нет больше темнеющих глаз
вот нет больше замерзших ладоней
вот нет больше легких
трепещущих как щеглиные крылья
призрака рассвета тумана
нет наслаждения и прощенья
нет старения и невинности
я до сих пор не знаю
что остается у нас после того
как мы что-то сами у себя отнимаем

2.

каждый дождь печален по одному своему названию
каждая любовь горька
только потому что любовь
каждая вода утягивает на дно
когда твое сердце высыхает как осенний лист
кувыркающийся над водой, приближающийся
каждое время похоже на воду

3.

ни сто тысяч братьев
ни сто тысяч сестер
не поймут
о чем я хотел с тобой говорить
зачем наступал на твои следы
зачем сейчас говорю зная
что любые слова бессмысленны
только потому что слова.
овал твоего лица
потихоньку проступает из моего молчания
предваряющего

4.

предыдущий день равен последующему:
крошки с обеденного стола
корм для рыб долгая ясная осень
вовремя меняемые простыни
ежевечернее чтение
справедливость это то что таковой кажется
одиночество в саду заставляет казаться философом
больше чем ты того бы хотел
я бы любил тебя если бы
не эта долгая ясная осень
не эта надежда в твоем маленьком голосе
не эта случайность предопределения

***

мы засыпаем, устав до сна.
яблоко выпускает, уснув, рука,
яблока форму запоминая,
яблоку оставляя запах тепла.

ночь повторяется наяву —
старое фото в замерзшем саду —
ты улыбаешься, не уставая,
только такой вот и сохраню,

не узнавая уже ничего,
что просыпается или живет,
яблоком желтым прочь убегая,
только вот эта нежность и лед.

***

поднимается на цыпочки, срывает с дерева плод,
и Иван Алексеевич глядит на него с земли —
бархатистый и мягкий, точно ее живот —
из темных аллей любви.

зябко кутаясь в непременную шаль,
как и все женщины до и после нее,
она повторяет: «Мне ничего не жаль,
особенно же — себя самой».

кузнечик стрекочет, лето дрожит и плывет —
банным сереньким дымом, паутинкой в траве,
варят варенье, вишневый лист пытается перейти его вброд,
но засыпает, нет, погибает, под русскою пеной дней.

***

> Елене Сунцовой

тленье бывает так сладко.
яблоко так свежо.
что невозможно —
то хорошо.

время котом на груди
свертывается сыто, урчит.
слышишь: густая осень.
это ведь мы почти.

рыбными косяками
косо идет листва.
я забываю
все, что она унесла.

вновь взвесь плывет золотая
по поверхности темных вод.
кто тебя, моя дорогая,
потеряет еще, найдет?

***

завеса жадная перед тобой
падает вниз, нага
остается окрестность — тебе видеть сквозь.
кланяясь, как слуга,

сад нагибается до земли,
весь — от затылка до пят —
предан и преданный — молчи,
нам всего не сказать.

не виноват никто:
ни раздвигающий ветви, ни та,
кто, позабыв про стыд,
спит у водяного рта.

пока эта осень — вне,
пока выдыхаешь дыханье, как
облако, зависающее над
тобой — терпеливый рыбак,

верится, что это все —
замерло, спит, дым
садовых осенних костров —
тлеющее золото скорой беды.

только дотронуться до тебя —
никак, что застилает взгляд?
слез моих сухая трава,
горечи твоей аромат.

* * *

Серый и нежный, как ветка вербы,
мартовский город, зеленый лед,
ты покидаешь его, неверный,
зная, как водится, все наперед,

невские рытвины и околотки,
белой фуражкой подброшенный вверх
голубь, в тумане пустом и плотном
жесткий и рассыпающийся в пальцах мех

снега, вплавь выброшенного под ноги
шубой купеческой, обернись,
в ветку вцепляется клейкий коготь,
но головою качает лист,

первый и горький, как память, Лена,
опережающая нас всегда,
сон оставляет немного света,
как отраженье в стекле лица.

***

я больше не знаю, что будет завтра.
у Плотинки продают ландыши, все так же идет дождь.
у мокрых цветов всегда такой запах,
как будто ты не совсем живешь,

как будто повторяешь чужие дни,
тебе незнакомые, как всегда незнакомы
люди в дожде, люди после дождя —
серый воздух и свет — зеленый —

как будто кто-то тебя окликает:
«здравствуй, ты как?» —
вглядываешься, но узнать не можешь, откуда-то зная —
это время наклоняется над тобой, как рыбак —
над уловом, чью-то левую руку в правой руке сжимая.

Елена

Елене Баянгуловой

1.

знаешь, Елена, время нас не щадит,
только деревья в саду становятся выше,
только осеннего света тугой накрахмаленный бинт
местность лишает деталей, про это напишешь

то, что запомнишь, то есть лишь то, что поймешь:
красная душная ткань, застекленные двери
и снегопад, стоящий в дверях, точно дождь,
и обнимающий край постели,

как обнимают того, кто ушел,
жалким лицом потерянно зарываясь
в жесткие юбки простынь, еще сохранивших живое тепло,
нет, не прощаясь, а просто прощая.

ты закрываешь окно, садишься за стол,
переставляя бессмысленно вазу пустую,
тело твое, точно древесный ствол,
вниз прорастает корнями, и воздух, недвижим, по грýди

к ночи сгущается в темную воду, ты тонешь в ней,
внутрь, в потускневшие окна глядят олени
или их тени, не знаю, уже никого нет,
и прощанье встает само перед тобой на колени —

ты не плачь, ты не плачь, все пройдет,
повторяю в который раз откуда-то сбоку,
и последнее яблоко вверх подкидывает восход,
самому далекому облаку — за щеку.

2.

Елена, не оборачивайся, подожди, постой —
лицо не точнее голоса, как не точней воды
зачерпывающая ее ладонь,
не оставляющая на воде следы.

тебя подводят только мои слова —
овеществленная тяжесть, заключенный в стекло дым,
прости, Елена, только эта вода
нас обнимает со всех сторон, как сады

обнимают восставшее ото сна
существо — не мужчина, не женщина — то,
что готово стать и тем, и иным,
простым и прозрачным, как облако или цветок,

пока не вырастет на дереве змей,
пока раскрашенные игрушечные плоды
не станут свисать с круглых ветвей,
пока рассказываешь мне ты,

не оборачиваясь, как все могло бы быть,
раздвигая ветви руками, голосом — темноту.
я уже почти не вижу тебя, прошу, постой,
я иду за тобой, я просто иду.

3.

ты говоришь со мною во сне,
так потихоньку пустеет дом,
я понимаю: тебя тебе
мало, поэтому ты со мной.

сон забирает твою печаль,
ты оборачиваешься ко мне,
и свет засыпает все тот же пустой дом,
пока мы не остаемся на дне

долгой зимы, состригающей шерсть
с бледных деревьев, с небес,
застывших, как указующий жест
статуи, ее поглощает лес,

плывущий, точно облако, вниз
с черных холмов, просвечивая насквозь,
напоминаю, Елена, тебе: берегись,
пока горяча твоя кровь.

ведь пока знаешь: любовь — слепа,
ты узнаёшь руками, сжимая в руке
легкое перышко тоски, сама
обманываясь в этой густой тьме,

сама зажигая, плача, гася
бумажные фонари, отпуская их вверх,
пока ветер раскачивает, ломая, жестяные поля.
верь мне.

4.

имя твое заставляет плыть
через море, слушать выдох и вдох
воды, поднимающей потихоньку из тьмы
тяжелый лоб.

верности граммофон закружит вновь песенку о былом,
имя твое выводит золотая труба,
позади, точно лодка, раскачивается голубой дом,
и занавески в окнах растут, как трава,

зима разлуки обнимает за плечи и
повторяет сто тысяч раз:
«любовь — это то, чего нет у любви —
"сейчас"».

и потому леандр вечно плывет,
не доплывая, поэтому свет
на маяке вечно горит, зовет
то, чего уже нет,

но потому-то и ты ждешь,
не поборов человеческое в себе:
Елена, Елена, надежда похожа на то,
что удерживает якорь в песке.

5.

Елена глядит в зеркало, под ее рукой
кошачий клубок, теплая тишина.
не обманись: за тобой
стоит кто-то чужой, сжигая дотла

все, что ты говоришь себе, мне и опять себе,
чуть светясь, тополиный пух
проплывает мимо почти во сне,
на рукава садясь, точно кормящийся с рук

голубь на утренней площади, где плеск
серой воды забирает горе и память, да,
и в каждой второй волне,
завернутой сдобным кренделем, большая звезда

ждет, пока, надвое разломив волну,
она не пойдет на дно, на мгновение отразив
колонны домов, их смутную белизну,
как ноги бегущих нимф,

и все повторяется, все, что
должно повториться по правилам слез и любви:
помни, что, кроме тебя — никто,
умоляй, молчи.

***

все начинается и заканчивается в саду,
повторяющемся из дня в день,
отдыхающие сидят в нем на самом виду,
наслаждаются воздухом, отбрасывают тень,

скатывают самих себя рулоном в позднюю темноту,
нарисованную на мокрой бумаге воды,
скомканной ветром, прибитой к стволу
прибрежному, то ли ива, то ли боярышник, его листы

лодочками погребальными поднимаются вверх.
какая печаль, моя дорогая, какая моя дорогая печаль
не обнимает тебя, напоминая всех тех,
кого тебе больше не жаль.

чье сожаление прикасается к твоему лбу бесцветным перстом,
заставляя забыть, но оставляя печать.
ты просто сидишь и смотришь, как за воздушным стеклом
вода оголяет тебе кусочек плеча.

***

крик застывает во рту воды.
так наступает зима.
и, потому что нежна,
ты не права.

что невозможно забыть —
то невозможно взять,
ты говоришь, что это не ты
и не я.

снова раскачивается, скрипя,
легкий светильник луны,
и на визжащих коньках
сады

кажутся со спины тобой
сквозь шершавую тьму,
графитной щекой
прижимающуюся ко льду,

вмерзающую волосами в лед —
так зеркало корни пускает в нас:
все отразится и пропадет,
как глубина.

***

Ночью мама спрашивала: «Ты как?»
Или не спрашивала: заглядывала в комнату и
Прислушивалась к дыханию. Каждый пустяк
В этом доме напоминает о старости и любви.

Приходили родительские коты — по очереди, по одному
Спали в голове, потом в ногах,
Иногда настораживая уши, прислушиваясь, как кусты
Облаков шумят от дождя.

Потом приходили они — все,
Кого я оставил или забыл:
Непростительные, прощающие, как все,
С кем я когда-либо был,

Прогуливался по берегу неназываемой античной реки,
Воды ее горячи даже во сне.
Они же, склоняясь к воде, колышась, как хлопковые тюки,
Шептали: «Оставь нам на память что-нибудь о тебе».

Одному — зрение, другому — слух,
Разнимая меня на части без боли и без тоски,
Они шепчут и шепчут, они говорят, опять говорят,
В лесу голосов сумрачные стволы

Вверх поднимаются — и не видно между ними небес,
По сравненью с которыми все слова пусты.
И я иду сквозь этот беспамятный лес:
В последнюю тьму из оставленной темноты.

***

долго ехать: в подстаканнике сером и мятом мутнеет чай,
неба суконная шторка в вагонном окне,
ложечки алюминий, в серых печатях край
каждой простыни, мост и река, где окна стучат в воде.

выйдем и выпьем: сей прогорающий лес, облетающий сад
прошлого высох и вымок, птиц голоса
в нем провисают, как телеграфные провода,
перекатываются, как в пакете последняя ягода-виноград.

милый, очнись: кто к тебе здесь-то придет,
кто разделит с тобой и пастилку печали, и одышливый страх?
день, затем год тают, как лед
в горячечных, беспокойных руках.

день, затем год только кажутся, как кажешься ты
живым, настоящим, глядящим не сквозь меня,
но на меня: зеленый скрипучий забор, яблоневые цветы —
розовеющие, как я,

провожавшая, ждавшая, плакавшая вослед —
вослед всегда плачут, как и навстречу — твердят:
«Не покидай меня больше».
неопознанная, как предмет,
жизнь прошла — с баночкою утрат:

с банкой помады наивной: намалюйся, старей, смотри,
с детскою склянкою со светлячком,
с первой радостью — земляничиною в горсти:
нес, донес, открываешь ладонь — а нет ничего.

1-я Тверская-Ямская

1.

одиночество — это то, что нас утешает.
проходишь все комнаты, одну за другою:
так проходят года — неторопливо, беззлобно,
так на кухне мама посуду моет.

свет в коридоре включаешь и выключаешь снова:
становится холодней, одиночества — больше,
снег выпадает еще до Покрова.
снег выпадает, воздух становится тоньше.

и говорится то, что не говорится
в другие дни, греешь руки над батареей,
то, что прошло, то, что еще случится —
понимаешь, оно ничего не стоит,

вся эта пестрота, ситец, блошиный рынок,
то, что напишешь ты, что о тебе напишут.
ты открываешь форточку: в ней затылок
четверговой луны, уходящей на лыжах

туда, где проходишь все комнаты, одну за другою,
поправляешь скатерть, набираешь чайник,
кипятишь его, потом выключаешь,
наливаешь чай и уносишь с собою.

2.

Елене Сунцовой

львиная лапа комода, долженствующая быть
львиной, оставшаяся человечьей —
плотник был пьян, заставляя быть.
Москва, вечер.

голубь, балансирующий на карнизе, как
разжиревший жонглер, кокотка,
звезды сияют, скрип, храп,
животный

страх возвращения, повторения, ничего,
ничего лучше не знать, не видеть, не слышать,
бедное кухонное окно,
воском зимы крыша

залита: все сохранится, сгорит, умрет,
все возродится, споет, заплачет,
память свою надрезая, как плод,
я не смогу иначе,

передавая соль и желая снов,
жестяных, липовых, леденцовых —
ни ночных звонков, ни пустых домов,
ни железного вкуса крови,

ни гнилого яблока, закатившегося под кровать:
некому ни найти, ни выбросить, ни удивиться,
как тебя обещала ждать
дорогая моя столица.

3. Ночные разговоры

когда они придут за мной до зари
и уведут, пока еще молчит метро под землей,
просто двери за нами закрой
и не ходи за мной.

когда от меня останутся лишь
ямка в подушке и потрепанные, испуганные словари —
убери, спрячь, порви, сожги
и — никуда не иди за мной.

не стой в очередях, не надейся на
весточку, письмецо, просто лицо в окне.
знай только себя одну, знай, что — одна.
похорони меня, похорони в себе.

встань утром, заправь постель,
вымой окно на кухне — немного постой на ветру,
помни, что ужас, живущий теперь в тебе, —
твой единственный друг, твой праведный опекун.

выйди из дома, не оборачиваясь и не
узнавая свое лицо в витрине, соседские каблуки
позади — уходи насовсем.
и ни с кем про меня больше не говори.

потому что мне лучше остаться одному, умереть одному,
быть задушенным в грязном вагоне ночью глухой,
лишь бы знать, что дома больше нет никого,
когда они все-таки придут за тобой.

4.

До утра простоять в подъезде,
чиркать спичку за спичкой, говорить о чем-то,
о чем — потом и не вспомнить,
вернуться домой под утро счастливой,
как бывают счастливыми только раз в жизни.

Никто не спит, все в гостиной:
мама — в слезах, бигудях и корвалоле,
папа — на заднем плане, суров, хмур и черен,
кот на переднем плане
облизывает хвост и на спине серые пятна.
Но тебе — все равно, твоя юность ярче,
твоя юность еще в это верит.

Утром проснешься — суббота, солнце,
родители сердятся,
но ты молода и не помнишь уже об этом,
знаешь только, что день будет долгим:
трамвайные усики таракана в кухне,
кругленькие красные трамвайчики, идущие по Садовой,
мигающие светофоры,
бесконечное лето.

Встретитесь через много лет
(твои погрубевшие руки,
его плащ — слишком короткий и мятый),
посмотришь издалека и отвернешься:
где это желтое, красное, зеленое, черное лето,
где его пустой спичечный коробок,
который он обещал хранить на память?

5.

Александре Бушлановой

нет красоты, понимаешь, нет,
нет ни страшного, ни нежного и земного.
скучный в пустом коридоре свет
брошен на пол белья нестиранным комом.

так вот и перестаешь бояться и ждать,
так вот перестаешь ждать и надеяться,
выцарапываешь дырочку в застывшем окне —
вот она жизнь, за окном светится:

недорогая, нелюбимая, не твоя,
подслеповатая, как выцветшая матроска,
невеселых дел ангел заплечный,
непоследняя, несладкая папироска.

и лицо, самое дорогое на свете,
глядит на тебя снизу, затем совсем потухает.
падает снег и смеются дети,
и что за болезнь вечером сердце пронзает,

когда глядишь на полустертые снегопадом,
полупризрачные фонари,
слишком красивые, чтобы быть правдой,
чтобы под ними можно было идти.

***

свет, тень, опять темный свет,
будет ли дождь сегодня или не будет дождь,
между домами облако, приколотое, как медная брошь,
светится и тускнеет вновь.

светится и тускнеет, как огонек
сигаретный в неокончательной полутьме,
смотрит в чужое окно, нет,
выглядывает из него.

и хочется просто вернуться домой,
где на втором этаже Елена протирает окно,
протирает сирень и меня заодно —
сквозь него.

***

погляди, мой свет, идут леса,
наступая друг другу на пятки и
объятые пламенем, как тоской.
но печаль застилает твои глаза,
потому что после дождя становятся все чисты,
кроме тех, кто говорит с тобой.

говорит, моя радость, говорит так,
будто наматывает на кулак
жесткий ремень, увядший мак
падает на пол к твоим ногам.

поэтому, прежде чем отразиться в стекле,
отражающем шею рябины, мех
тумана, согревающего дрожащую тьму,
прежде чем вернуться ко мне,
спой напоследок, пока вверх
по веревочной лестнице, оставив тебя одну,

поднимается свет, золоченую кутерьму
воздуха, крыл, облаков
сшивая собой, так пришивают новые рукава
к старому платью, так вспоминают любовь

несбывшуюся, незаконченную, как та,
наклоняющаяся над тобой незрячая Госпожа,
пока ты спишь — не просыпайся — не дорожа
ни тем, как она, не дыша,

выглядывает в твоем лице
узнаванье, точно вторую серьгу в ларце,
ни снящимися на самом деле ей — не тебе —
далекими голосами, острей когтей,

пока она рядом сидит на краю постели —
зимняя рыба сквозь водоросли твоего сна —
за руку держит, едва ли жива,
потому что покинуть тебя не успела,
я ждала тебя, возлюбленная моя, ждала.

***

> Елене Сунцовой

темнота выведет тебя за руку в зал,
поклонится тебе — низко, еще ниже.
идет бесконечный дождь —
ближе, еще ближе.

ты поднимаешь выше свечу,
ты ее задуваешь.
эта тоска освещает все.
я это знаю.

просто посиди рядом со мной.
чувствуешь, какая внутри тебя осень большая?
как песочные часы,
из пустого в порожнее повторяю.

руки лежат на коленях,
ненужные, как вещь, ножницы или бусы.
пусть, повторяю, пусть,
смерть будет русой.

тихо склонится над,
целуя почти что мимо.
ты представляешь: я
никого не любила.

***

не знаешь что
не говори
слова ранят как дикий шиповник
пусть молчание остается
подернуто дымкой
несбывшегося пеленой прошедшего дня
погребальной
пахнущей диким
цветущим шиповником

Запечатление

1.

деревья вырастающие у воды
вырастают дважды:
вглубь и вверх
ветви ветвей напитывая отраженьем

утешитель мой утешь меня
возвращая мне мое детство
утишитель мой
успокой, заставь замереть сердце
раздвоившееся
как змеиный язык
как моя возлюбленная и ее отраженье

2.

во чреве твоем
под твоей рукой:
лодка плывущая против теченья
красные полотнища
медленная весна

сияет стеклянный сосуд лица
неугасимый

дующий ветер охватывает тебя кольцом
раздувая пламя

глядящего

3.

не находя себе оправданья,
просим тебя примириться —

с праздностью наших страданий
с безучастностью нашего счастья
с тем, как плотно
мы закрываем глаза друг друга

обнаженность зрения
слишком подобна искушению

отдаления твоего воздаяния
гнева

4.

облак-покров стекает
вниз по холму

ниспадает
волною волос по плечам

отвернувшись
ты становишься той, кем никогда не была —

самою собою.

5.

враждебны мои печали
моей тоске

по несбывшемуся
паче того:

по сбывшемуся и не покинувшему.

***

жницы оборачиваются на мгновенье,
замирают в раме:
сухое поле, пенье
расплющено воздухом, и кто-то стоит за нами.

время перед веселой осенней бойней: где золотой день — там деготь
холодной тоски и ночи,
в которой виден лишь локоть.
будем жить, пока себя помним, впрочем.

беден словарь мой, печально сердце,
как печально сердце забивающего окна дома.
свет полощется на ветру вытертым полотенцем,
отовсюду выглядывает незнакомо

твое лицо — уже не узнать, моя верность,
не обидеть, не повторить словами легкие брови,
вода отражает не небо — только его поверхность,
почти без боли.

Душа

1.

«Я тебя никому не отдам».
Ах, слова мои — дорога и капкан.
Ах, слова твои — сад и любовь.
Ну так что ж — по рукам?

Волосы старость выбелит одной.
Молодость платье белое выткет другой.
Все равно в одну землю ляжем, что же говорю, боже мой.
Разве ты видишь исход иной?

Вот так и берем с одного блюда плоды,
Сидим за одним столом.
Когда я гляжу в зеркало — замечаю: там ты,
В моих глазах, точно птица, вьешь дом.

2. И м е н и н ы

Елене Баянгуловой

Так вот и ты среди них,
Мой милый воздухоплаватель,
Гладишь, как и они, сверху вниз,
Киваешь мне — кошка так трогает лапою,

Осторожно, поутру снег,
Выпавший за ночь, разлитый в воздухе —
Катерины, бедной души, ночлег,
Ангелицы, курочки пестренькой.

И обнимает тогда непечаль —
Легче легкого, серей белого,
Будто беличья шубка с плеча
Неангельского, оробелого.

3.

Старая псица улыбается, машет хвостом —
Подойди, погладь, немного мне

Нужно, разве что лечь невесомым листом
В твоих ногах, да и думать о том,

Как ты сегодня ко мне добр,
Как же ясен и тепел день,
Точно ореховая скорлупа
Хрупающий под ногой чужака.

Просто погладь меня, просто, прошу, погладь,
Истосковалась моя душа,
Которой, может, и нет, однако же есть тоска
По несбывшемуся, вот и жду до сих пор, дрожа.

4.

Не говори, что не помню тебя —
Помню, терплю, когда во сне
Ты проходишь мимо меня,
Будто тени в густом стекле

Этой зимы, поднявшейся так, тяп-ляп,
Что напеку пирогов, калачей —
Поровну разделю, как всегда,
Но не с тобой, прости меня, не унять теперь

Нет, не слез, так, какую-то боль,
Свернувшуюся, как эмбрион, на дне
То ли зимы, то ли меня — не любовь,
Но то, что с ней, кажется, наравне.

Письмо Евгению Туренко

мне опять снятся мертвые.
во саду-в огороде подвязывают вызревающие огурцы,
полют клубнику, на небо смотрят,
дождя не будет, я это знаю, но не они.

все у них обыденно и привычно,
так, как должно было быть со мной.
то ли они меня ищут,
то ли просто идут позади за мной?

в этом сне всегда лето,
зеленый запах пальцев, каемка земли под ногтями,
облака вскипают, как на варенье пенка,
и самые правильные слова оказываются простыми словами.

ответь, отчего комок в горле,
если у них все хорошо, если все хорошо со мною?
иногда я совсем ничего не знаю,
просто называю это незнанье любовью,

просто чувствую себя живою,
печалюсь, потому что печаль доступна только живым.

переходя на тот берег, расплачиваются не оболом —
просто листиком мяты слепым.

не потому ли между нами и ими тонка грань,
вот и густеют в круглом воздухе, тоньше стекла, слова —
горячея, несобранные про запас —
мята, мелисса, малинная ветка, медовый шар, вода?

ПустотаОблакоГолос

1.

тень египтянка воздушный шар
купола вызолоченного до слез
это все выдуманное всерьез
это все гоголевский нос —

лишь показалось, случилось само,
вот оборачивается улыбается и зовет
переживает сегодняшний день
переплывает с этого берега на опустевший тот

где обвивают чугунные розы гранит
ржавчина пахнет кровью как воздух сырой водой
вот фитилек луны затухает, полуживой
мотылек окна затрепещет, замрет

и повторяешь: тоска тоска
перебираешь забытые имена

не понимая, зачем ты здесь,
вес твоей старой вины как лес —
вот тяжело плывет по реке
спилен смолою истекший срез

не заживет как прошлое не отвечай
и не ответишь и этому рад
это покой и воля — русские как тоска
взятая в долг украденная ничья

2.

вот она пустота: облако лето
колокольный звон неподобратьдальшеслова
кажущаяся склоненною головой
мраморной или уже еще неживою:

слышит молчит запоминает для
следующего рассказа там где меня
больше уже не будет как говорят:
только что плакал и ждал — и вот уже нет тебя.

эти деревья смыкаются надо мной
необъясненные высотой
в темных оконных проемах листвы
то что я вижу — не видишь ты

легкий кивок с другой стороны —
смерти ли, улицы ли — уже неважно
так расстаются люди и встречаются те
кого рядом нет и поет протяжно

ветер в холодной арке, шумит Нева,
и никого и никогда
и согревая ладони дышишь на них
и ни с кем говоришь.

3.

это такая легкость
забывание медленный голос
то, чего больше не будет — ни на волос
не отличается от того, что сбылось.

каменны складки одежд свободы, колено ее округло
для поцелуя, ладони, снимка
туристического на память — был и видел,

экран перечеркнут веткой, забрызган водой

каждое время проходит, и это
ты понимаешь неблагородно, о, благодарно, потом
становясь просто словом непроизнесенным
вдалеке зажигающимся гаснущим вновь окном

о, не прощайся — прощания все равно
не существует, как не существует начала
зефир надувает щеки и дует
катера́ у причала

обдирают белую краску с боков древесина камень железо
и то что тебе больше нет здесь места
кажется правильным как поднимающаяся вода
возвращения вечность серая пена сна

Фрески

        Ивану Соколову

1.

соловей и роза два пятна:

полустертые тишиною
времени
не тронувшего ни листа
вылепленного водой
отраженного деревом
остановленного взглядом на половине пути
из этой аркадии

розовое и золотое
осыпающееся чешуйками
омертвевшей кожи
облупленного забора —

верь написанному
верь тому о чем было умолчано
не верь ничему

о, прощание, не заканчивайся
о, встреча, не будь задумана

2.

живое кажется живым лишь потому, что живо
внутри тебя
оглянись
недвижимо все вокруг

воздуха столб
глаза любимых
боль потерь
произошедших
лишь потому что веришь
что они происходят

оглянись, не удивляйся, меня не увидев
я лишь
отражение
твоего страха одиночества
отторжения неизменности

и все-таки:
поворот твоей головы в сумерках
звезда, мерцающая

3.

медленный поворот колеса времени
медленней
слушающих соловья
срывающих розу
встречающих самих себя на прощанье

Элоиза — Абеляру

воробышек выклевывает воздух,
и облако по улице гуляет,
но не вернуться, ах, вернуться поздно,
поет и плачет карлица слепая.

свет из-за штор — в оглядках и украдках,
снаружи свет — высок, и юн, и строен,
почтовую наклеивает марку
на золотом тисненые обои

тяжелого и сумрачного сада:
вот кресло пня, вот каменные люди,
подушек водяная вата
и яблоко на деревянном блюде,

вот спящий зритель, вот неспящий
фонтанчик, каменный дельфин, актерка,
в свет заключенный, точно в ящик,
шершавей хлебной корки

его позеленевший нос, горб закругленный,
и трубка медная в гортани
поет и плачет: слеп, как свет же слеп влюбленный,
прикидывающийся только нами.

Абеляр — Элоизе

чехарда, щебет, щебень, каша
перьев и коготков, пшеничная булка,
выклеванная в середке, как сердце, — чаша
для голубя в распахнутой шубе,

гоголем перед молодкой серенькой проходящим,
гули-гуль, будь моей милкой,
зазнобой, бузинный хрящик
попирающей, оборачивающейся с улыбкой,

слепленной точно из морской горькой соли,
высыхающей на ветру, скупо
вылепленной и рассыпающейся, усвоив
главный урок: виноват всегда только скульптор,

не удержавший резец, испортивший линий
девственную чистоту, ледочек зимний, округлость неги.

не пиши мне, пиши мне, где бы я ни был,
как бы ни был я скуп перед тобою и смертен.

Энтомология

1.

Полустертое золото подбородка,
ногтей, глаз, складок на рукаве,
олива, вырастающая из белого пятнышка кожи
на затылке, волосы, стиснутые гребнем,
как твоя рука — моею,
как горлица — рамой оконной, за которой —
только плоский синий воздух,
небывалые горы,
далекий голос.

2.

Кто кого перепоет, разрубит
бабочку голоса клинком мгновенья,
какая тебя ожидает награда,
смятенье
складок портьерных, облака,
пересекающего полуденный горизонт,
над которым — сиреневое дрожанье эфира,
под которым — ленивый
зной тела, ожидания, тревоги,
радости приникнуть ртом пересохшим.

3.

От земли поднимаются испарения, я вижу
тебя, попирающую стопою
круглый лист подорожника, бордовый
львиный зев, сухую масличную ветку,
очи твои опущены долу,
руки открыты навстречу
серому воробьиному вечеру,
неподвижно
твое естество
и движутся солнце, луна и звезды
по определенному им кругу,
и повторяет твоя тень
часовые стрелки,

и говорит, не говоря:
«не время, еще ничему не время».

4.

Любовь, что зовется эросом,
эрос, что зовется любовью,
дерево, что зовется вечно зеленым —
ничто не избегнет
своего прекращенья.

5.

Пусты твои уста — где та улыбка,
серебристая,
как стрекоза на голом плече мальчика, спящего у реки,
пусты твои вены, где те кровь и вино,
которые их наполняли,
пусты твои очи,
пусто все, все пусто кругом,
когда понимаешь,
что больше не о чем промолчать, разлучаясь,
более не о чем рассказать,
прижимая твою ладонь
к своему опустевшему сердцу.

***

я понимаю, какая меня объемлет
мука земли или жажда любви,
Боже, зачем ты нас засадил, как прокаженную землю,
семенем лжи?

душа моя ранена, как олень,
в глухом лесу, в чащобе пустой,
вытащи из меня стрелу,
добей своею рукой.

***

смотришь на меня? — смотри,
запоминай, что запомнится:
дерево в пути,
свет за которым гонится.

время, висящее вниз
головою — ощипанный гусь.
дом начинается там,
где я его боюсь.

бледным простым пером —
твой допечальный вздох.

или печаль внутри,
или меня сотри.

Натюрморт с разломленным гранатом

1.

оборачиваешься на снегу: месиво
голосов, лошадей, собак, колес, шерстяная подкладка
грядущей бури, повторенье
уже произошедшего —
не с тобой, не здесь, бледнее, нечетче,
проступающее в глубине, на поверхности зрачка,
вот судьба описывает круг за кругом —
конькобежец, за руку держащий,
руку отпускающий,
смеющийся вослед, падающий,
разбивающий коленки, поднимающийся.

2.

вожделение — вот покаяние
наступающего дня, заканчивающегося путешествия
по закоулкам зеркала, тающего в нем отражения,
след ладони на темном стекле —
тепло ли жидкостей, бегущих под влажной кожей,
ржавчина ли, проступающая изнутри,
с потайной стороны, сквозь тебя, сквозь стену
за твоей спиной, сквозь нарисованных на ней надутых амуров,
тарелку с разломленным на ней гранатом,
символы и признания,
не признаваемые солнечным светом,
недоступные словам, их названьям,
айва, мертвые розы, кровь в углу твоего рта —
та же роза,
увядающая на солнце.

3.

дома вдоль берега, битая дичь, виноград светолепный,
вертоград разноцветный, сирые и неприкаянные,
отраженье в твоих глазах
голубя, замерзшего на лету, падающего на лед,
опустошенная
твоя любовь, позабывшая,

растерянная, непонимающая:
как ты могла меня покинуть,
как ты могла ко мне вернуться.

***

Геннадию Каневскому

Больше не о чем говорить,
Потому что есть о чем помолчать.
И тому, кто будет меня судить,
И тому, кто стоит у плеча,

Как бестрепетный темный сад,
Я прощаю себя самого,
Потому что себе не рад.

Страх — невызревшее вино,
Жизнь — несорванный виноград.

Время

1.

Настоящая немота возможна только тогда когда
Время считываешь с листа лица
Осень похожа на моего отца
Те же рассыпающиеся слова та же вода

Текущая слепо текущая вспять
Не узнать осушить опять не узнать
Остывающая как моя мать
Съедающая снег перед тем как начать молчать

2.

Это тоска мой дружок тоска
Я не хочу видеть твоего лица
Я вообще не хочу видеть ничьего лица
Только зима глядит свысока

Глядит бледнеет разламывает тебя как хлеб
Черствое тело пустое — нет —
Опустошенное как этот белый свет
Висящий в ветвях ты чувствуешь что ослеп

3.

Свет вырастает ты отрезаешь его
Как тонкие волосы русым пучком
Падающие на пол забытым теплом весной
Волосы устилают весь дом

Заметаешь выбрасываешь не заглядывая вперед
Будущее всегда темно если светла печаль
Сидящая перед зеркалом чуть приоткрыв рот
И говорящая отражению *жаль как жаль*

***

«Время уносит все», — говорил Вергилий.
Время уносит все, начиная с Вергилия,
Его протекшей шариковой синей ручки,
Его мо́ря — внутри и снаружи.

Так вот сидишь и дышишь, сидишь и смотришь
На людей, уносящих свое время
По берегу той самой последней реки, бредущих,
Не помня ни себя, ни своей печали.

И что остается? Только книги,
Еще не прочитанные, те, которые прочитаны никогда не будут,
Мягкий вечерний воздух,
Незаметная осыпающаяся ветка в окне.

Не рассказывай мне ничего: ни доброго, ни чужого,
Не обещай ни воли мне, ни покоя,
Просто держись рядом, не упускай из виду,
Потому что время уносит нас,
Как друг друга теряющие речь и голос.

Александра Цибуля

излучение, без имен

Я хочу сказать несколько вещей:
— Правдивы и верны только те вещи, которые происходят по необходимости или от неизбежности. Человек не может быть удовольствием. Когда человека умаляют до удовольствия, это унижает все существо человека.
— Некоторых людей можно любить только удаленно, это как работать удаленно — и за символический капитал.
— Удовольствие и нарциссизм в основе обаяния. Только наслаждающийся своим телом и своим лицом обаятелен. У него соблазн в контуре тела и сияющее тело удовольствия. Иногда мне кажется, что и предметы крепятся к пейзажу посредством желания и соблазна.

Наконец, приснился радостный сон: я фотографирую двор с плющом, окном и трубой, но он никак не вмещается в объектив, к тому же на первом плане то и дело вырастают прекрасные птицы (во сне они поименованы как венецианские голуби, у них еще хохолки). Потом я снимаю небо, почему-то очень близко, оно жидкое, вроде кофейной гущи и сливок. В сущности, хорошее небо, уютное. Там еще были лиловые девы, они мне улыбались и тоже послушно фотографировались.
Кроме того, поняла вчера, что даже если в мое отсутствие шкаф упадет — то пожар не начнется, и люди не сгорят. Нет объективных причин для возникновения пожара. Тогда я собралась с силами и сказала себе: «Шкаф упадет и будет просто лежать себе на полу». В общем-то, это тоже уже разрешение.

На улице все влажное и шумит. Наверное, море. Океан, ты хочешь сказать? Единственный раз, когда я видела океан, он молчал. Но это был маленький океан, были фьорды, была акула. Чайка подавилась и никак не может сказать что-то важное. В сущности, нечего сказать, кроме того, что жизнь бедна. Нищи (и этим святы) вещи. Не есть, пока еда не станет необходимостью, не говорить, пока речь не перестанет вызывать отвращение. Только погода и природные явления. Длительность. После всего — излучение, без имен.

Приснился цветок, который сам себя оплодотворял каким-то порочным способом: во время этого процесса сердцевина пряталась от соглядатаев (включая меня) в механизированное босховское яйцо.

После этого из нутра выступил белый густой сок и выстрелили семена (как из бешеного огурца), цветок поздоровался со мной, похвалил мои волосы и начал чревовещать. Предсказал войну в мае (правда, в Риме), и что все люди разделятся на три категории. Цветок именовал их замысловатыми несуществующими словами, но я была уверена что категории — это оттенки красного цвета. Я разбила цветок и долго вытирала со стен фиолетовые брызги — как от черничного пирога.

По степени жути и отвращения и силе гипнотического воздействия цветок напоминал гандикапа-анархиста из «Гармоний Веркмейстера» Тарра, подстрекающего жечь, насиловать и убивать.

ну что сказать. кожа на ноге слезает после ожога. синяки проходят, но шея еще болит. дождь кончился, пошел снег. есть табак, но нет бумаги для табака. пересмотрела броненосец потемкин, думаю про рот няни в связи с бэконом, про крик — как событие тела — и вещи, которые стали распятием. весь день не пью.

после «крота» х. приснилась пара влюбленных каннибалов. они едят друг друга и счастливы.

ничто не может остановить машину истерии. другое дело, хочу ли я ее останавливать. работа прощения не совершается, как и работа забвения. очевидно, что из этой точки зацикленности письмо невозможно. возможно, субъекту следует потерять самоидентификацию. возможно, из меня бы получился политический активист. или сектант.

кинотеатр «юность», судя по всему, перестраивают в еще один дацан.

любящий должен несколько раз предать себя, чтобы в конце концов все потерять и остаться ни с чем.

качались на качелях на заливе в ночном. огромная нечеловеческая жуть. и свобода. все невероятное. длится рождество.

СОДЕРЖАНИЕ

Ольга Седакова. Новая книга 7

«Поговори со мной — что еще нам с тобою осталось?...» 13
Зеркало 14
«когда холодно и произносишь слово "время"...» 16
«голос становится телом, когда...» 17
«это нежность забытых вещей...» 18
«совершенная радость узнавания...» 19
Виночерпий 20
«лучше всего дни о которых и вспомнить...» 22
«закрой, закрой глаза. не смотри...» 23
«Безвременье меня окружает...» 24
«знаешь, почему Орфей...» 25
Ожидание Благовещения 26
«я не слышу тебя, Леночка...» 28
«если бы знала, как плачу — не как живу...» 29
Долгая ясная осень 30
«мы засыпаем, устав до сна...» 32
«поднимается на цыпочки, срывает с дерева плод...» 33
«тленье бывает так сладко...» 34
«завеса жадная перед тобой...» 35
«Серый и нежный, как ветка вербы...» 36
«я больше не знаю, что будет завтра...» 37
Елена 38
«все начинается и заканчивается в саду...» 42
«крик застывает во рту воды...» 43
«Ночью мама спрашивала: "Ты как?"...» 44
«долго ехать...» 45
1-я Тверская-Ямская 46
«свет, тень, опять темный свет...» 50
«погляди, мой свет, идут леса...» 51
«темнота выведет тебя за руку в зал...» 52
«не знаешь что...» 53
Запечатление 54
«жницы оборачиваются на мгновенье...» 56
Душа 57
Письмо Евгению Туренко 59
ПустотаОблакоГолос 60
Фрески 62

Элоиза — Абеляру 64
Абеляр — Элоизе 65
Энтомология 66
«я понимаю, какая меня объемлет...» 68
«смотришь на меня? — смотри...» 69
Натюрморт с разломленным гранатом 70
«Больше не о чем говорить...» 72
Время 73
«"Время уносит все", — говорил Вергилий...» 74

Александра Цибуля. излучение, без имен 75

www.ingramcontent.com/pod-product-compliance
Lightning Source LLC
Chambersburg PA
CBHW071408040426
42444CB00009B/2156